Zhongguo Wenhua
Zhishi Duben

中国文化知识读本

主编
金开诚

编著
臧笑菲

诗中圣哲——杜甫

吉林出版集团有限责任公司

吉林文史出版社

图书在版编目（CIP）数据

诗中圣哲——杜甫/臧笑菲编著.—长春：吉林
出版集团有限责任公司：吉林文史出版社，2009.12（2022.1重印）
（中国文化知识读本）
ISBN 978-7-5463-1682-6

Ⅰ.①诗… Ⅱ.①臧… Ⅲ.①杜甫（712～770）–生
平事迹 Ⅳ.①K825.6

中国版本图书馆CIP数据核字（2009）第236862号

诗中圣哲——杜甫

SHIZHONG SHENGZHE DUFU

主编/金开诚 编著/臧笑菲

责任编辑/曹恒 崔博华 责任校对/刘姝君

装帧设计/曹恒 摄影/金诚 图片整理/董昕瑜

出版发行/吉林文史出版社 吉林出版集团有限责任公司

地址/长春市人民大街4646号 邮编/130021

电话/0431-86037503 传真/0431-86037589

印刷/三河市金兆印刷装订有限公司

版次/2009年12月第1版 2022年1月第6次印刷

开本/650mm×960mm 1/16

印张/8 字数/30千

书号/ISBN 978-7-5463-1682-6

定价/34.80元

关于《中国文化知识读本》

　　文化是一种社会现象，是人类物质文明和精神文明有机融合的产物；同时又是一种历史现象，是社会的历史沉积。当今世界，随着经济全球化进程的加快，人们也越来越重视本民族的文化。我们只有加强对本民族文化的继承和创新，才能更好地弘扬民族精神，增强民族凝聚力。历史经验告诉我们，任何一个民族要想屹立于世界民族之林，必须具有自尊、自信、自强的民族意识。文化是维系一个民族生存和发展的强大动力。一个民族的存在依赖文化，文化的解体就是一个民族的消亡。

　　随着我国综合国力的日益强大，广大民众对重塑民族自尊心和自豪感的愿望日益迫切。作为民族大家庭中的一员，将源远流长、博大精深的中国文化继承并传播给广大群众，特别是青年一代，是我们出版人义不容辞的责任。

　　《中国文化知识读本》是由吉林出版集团有限责任公司和吉林文史出版社组织国内知名专家学者编写的一套旨在传播中华五千年优秀传统文化，提高全民文化修养的大型知识读本。该书在深入挖掘和整理中华优秀传统文化成果的同时，结合社会发展，注入了时代精神。书中优美生动的文字、简明通俗的语言、图文并茂的形式，把中国文化中的物态文化、制度文化、行为文化、精神文化等知识要点全面展示给读者。点点滴滴的文化知识仿佛繁星，组成了灿烂辉煌的中国文化的天穹。

　　希望本书能为弘扬中华五千年优秀传统文化、增强各民族团结、构建社会主义和谐社会尽一份绵薄之力，也坚信我们的中华民族一定能够早日实现伟大复兴！

目录

一　杜甫一生的四个时期

杜甫出生于一个"奉儒守素"的官僚家庭。这种家庭文化传统对他忠君爱国、仁民爱物的思想有着巨大的影响。而杜甫的生活道路和创作道路也正表明了他是一个热爱祖国和人民的诗人。杜甫一生的经历大致可以分为四个时期。

（一）读书和漫游时期

35 岁以前，是杜甫读书和漫游的时期，也是他一生中最快意潇洒的时期。当时正值开元盛世，社会经济比较繁荣，他的经济状况也较好，所以他也曾有过一段南北漫游、裘马轻狂的日子。杜甫从小就是一个好学之才，7 岁时就已经开始吟诵诗歌，"读书破万卷""群书万卷常暗诵"可谓

"草堂"二字为爱新觉罗·允礼所书

雕塑家刘开渠塑杜甫像

是他当时刻苦学习、努力进取的真实写照，这同时为他以后的创作做好了充分的准备。从此之后，他结束了读书生活，从玄宗开元十九年（731年）至天宝四载（745年），杜甫进行了两次长期的漫游。过的是跋山涉水、高歌游猎的浪漫生活。他先是由北方南下去游吴越，后又向北游齐赵。他在游齐赵的时候，曾经先后和苏源明、高适等人呼鹰逐兽，打猎取乐，登高怀古，饮酒赋诗。天宝三载，杜甫在洛阳与当时的另一位大诗人——李白相遇。二人畅谈人生，相见恨晚，后又携手同游齐鲁，谈诗论文，访道寻友，有时也议论国家政事，由此结下了深厚的友谊，传颂千古。第二年秋天，杜甫欲往西去长安，而李白则准备重游江东，于是他们商定好在兖州分手，从此以后，这两位被人们并称为中国诗歌史上"诗仙"和"诗圣"的伟大诗人再也没有会面，但是杜甫却写过不少怀念李白的感人诗篇。如《赠李白》："痛饮狂歌空度日，飞扬跋扈为谁雄？"《饮中八仙歌》："李白一斗诗百篇，长安市上酒家眠，天子呼来不上船，自称臣是酒中仙。"《不见》："不见李生久，佯狂真可哀。世人皆欲杀，吾意独怜才"等等著名的诗歌。此外，在这段长期的漫游过程中，诗人踏访了祖国的壮丽河山，也接触到我们祖先无比丰富的文化遗产，这不仅充实了他的生活，也扩大了他的心胸和视野，为他早期的诗歌创作增添了非常浓厚的浪漫主义色彩。其中，《望岳》这首诗可以作为代表，"会当凌绝顶，一览众山

"诗仙"李白塑像

小"，恰恰流露了诗人的雄心壮志。但是这样的生活方式，诗人无法深入现实社会，去接近下层的贫苦民众。所以，作为一个伟大的现实主义诗人，这段时间只能称得上是杜甫人生及创作的一个准备时期。

（二）困居长安时期

杜甫开始走向现实主义，是从困守长安开始的。从天宝五载至天宝十四载，杜甫在长安居住了十年，长安这十载，使杜甫历尽人生辛酸，也使他看到了民生疾苦，他关心着国家安危。忠君恋阙，仁民爱物的情怀，在这段颠沛流离的生活中不仅没有衰退，反

会当凌绝顶，一览众山小

杜甫一生的四个时期

"少陵草堂"碑亭

而更加强烈了。因此,这一时期,他的生活、思想和创作发生了巨大的变化。他到长安,目的是求得一个官职,有所建树,但都未成功。由于当时正值安史之乱的酝酿时期,当权的是奸相李林甫和杨国忠,杜甫不仅不能实现他的"致君尧舜上,再使风俗淳"的政治抱负,而且开始过着"朝扣富儿门,暮随肥马尘。残杯与冷炙,到处潜悲辛"的屈辱生活,以至经常挨饿受冻:"饥饿动即向一旬,敝衣何啻悬百结。"在饥寒的煎熬下,杜甫也曾经想到退隐,做一个"潇洒送日月"的巢父、许由,但他没有回避艰苦,还是坚决地走上积极入世的道路。生活折磨了杜甫,也成全了杜甫,于是他比较广泛地接触劳动人民,他的认识也有了很大的改观。在此期间,他的足迹从贫民的坊巷到贵族的园林,从重楼高阁互竞豪华的曲江到征人出发必须经过的咸阳桥畔,仕途的失败使他能客观地认识统治阶级的腐败与堕落,个人的饥寒交迫使他更能体会到人民的疾苦,这两方面截然不同的生活在杜甫诗中都有所反映,从而在中国诗史上留下了《兵车行》《丽人行》《自京赴奉先县咏怀五百字》《前出塞九首》

等现实主义杰作。从 35 岁到 44 岁，十年困守的结果，使杜甫变成了一个忧国忧民的诗人。这才确定了杜甫此后生活道路和创作道路的方向。

（三）陷贼和为官时期

从 45 岁到 48 岁，是杜甫生活的陷贼与为官时期。此时是安史之乱最剧烈的时期，唐王朝从此以后由盛而衰，社会政治、经济都发生了非常巨大的变化。国家岌岌可危，人民灾难深重，一片风雨飘摇的景象，而杜甫也亲身经历了错综复杂的变化：流亡、陷贼、在皇帝身边任左拾遗、出贬华州、秦州寄居、入蜀——无论是人际关系或是自然环境，与以前的那种

杜甫草堂一景

古长安城门

生活都有着很大的不同。

在陕北，杜甫曾经和广大劳动人民一起逃难，在已沦陷的长安，他曾经亲眼看到胡人的屠杀焚掠和无恶不作的情景，同人民一起感受着失去国土家园的痛苦。为了献身恢复事业，他独自一人逃出了长安，去投奔凤翔。"生还今日事，间道暂时人""麻鞋见天子，衣袖露两肘"，从这些诗句就可以想见当时的艰险和困苦。后来，他被朝廷任命为左拾遗，这虽然只是一个从八品的谏官，却能接近皇帝。就在做谏官的第一个月，他因"见时危急"，上书营救罢相的房绾，不料触怒了唐肃宗，几乎受到刑戮。从此以后，他屡遭贬斥，但也因为这个原因使他能够多次获得深入广大贫苦人民生活的机会。在由凤翔回鄜州的途中，在羌村、在新安道上，他看到了社会中的各种悲惨景象，他同情受苦的人民，他曾经和父老乡亲们，和送自家孩子上战场的母亲们哭在一起。他积极号召人们奋力进行征战，以保卫国家民族的安全。他曾写诗哀悼那些为国捐躯的"四万义军"，他告诫百官，无论文臣还是武将都要"戮力扫攙枪"。他一方面同情人民，大力揭

杜甫草堂茅草屋

露兵役给社会造成的黑暗景象；但另一方面还是积极鼓励广大人民去参战。乾元二年春，杜甫前往河南探视自己的故居，在归来的路上，他亲眼看到人民在官吏们残酷的压迫下所遭受的苦难，于是就写下了流传千古的《新安吏》《潼关吏》《石壕吏》《新婚别》《垂老别》《无家别》组诗六首，被后人简称为"三吏""三别"。此外，还写下了《悲陈陶》《哀江头》《春望》《羌村》《北征》《洗兵马》等一系列具有高度的人民性和爱国主义精神的诗篇，在这一时期，杜甫的创作可以说是达到了现实主义的高峰。

（四） 漂泊西南时期

"满目悲生事，因人作远游。"从肃宗上元

大雅堂前杜甫塑像

元年(760年)至代宗大历五年(770年)，杜甫离开了哀鸿遍野、干戈扰攘的中原，弃官携家眷由华州经秦州、同谷，历尽千辛万苦后，到达成都，在成都西郊盖了一所草堂，开始了"漂泊西南"的生活。764年，严武再镇蜀地，表荐杜甫为节度参谋、检校工部员外郎(后人因此称其为"杜工部")，杜甫曾度过六个月的幕府生活。除此以外，在漂泊的十一年中，他经常过着"生涯似众人"的日子。他非常喜欢跟劳动人民往来，而憎厌官僚，他在诗中写道："不爱入州府，畏人嫌我真。及乎归茅宇，旁舍未曾嗔。"

在他逝世的那一年，还因为避臧介之乱而挨
了五天饿。可贵的是，不论生活上怎样苦，
也不论漂泊到什么地方，他总是在关怀着国
家的安危和人民的疾苦。同时也从不曾忘记
或放松自己的创作，在漂泊的十一年间，他
竟写了一千多首诗。杜甫在成都曾有一段时
间生活相对安定，眼前也曾呈现出一片田园
美景，花鸟虫鱼都好像对他表示殷勤，使他
多年劳苦忧患的生活，暂时得到缓解，他也
怀着无限的爱写出不少歌咏自然的诗歌。但
他并不曾忘记流亡失所、无处安身的人们，
在《茅屋为秋风所破歌》中写出"安得广厦
千万间，大庇天下寒士俱欢颜"的名句。此

杜甫草堂内溪流环绕，竹木葱茏

杜甫一生的四个时期

外，如《闻官军收河南河北》《又呈吴郎》《遭田父泥饮》《诸将》《秋兴》《岁晏行》等也都是这一时期最优秀的作品。和前期不同的是带有更多的抒情性质，形式也更多样化。特别值得注意的是，在这一时期，杜甫还对唐代的新兴诗体七律做了精心地研究，并进行了大量的创作实践，创造性地赋予七言律诗以重大的政治和社会内容，使这种新兴诗体臻于成熟和完善。 杜甫

草堂书屋一景

在四川漂泊了八九年，又在湖北、湖南漂泊了两三年，大历五年（770年）冬，在自潭州赴岳州途中，死于舟上，年仅59岁。

"战血流依旧，军声动至今"，是这位伟大的爱国主义诗人对祖国和人民最后的怀

杜甫草堂一景

杜甫墓一景

诗中圣哲——杜甫

念。在人民被奴役、被压迫的社会动荡时代，要做一位关怀人民疾苦，同情人民遭遇的诗人，他的身后，自然也是凄凉的。813年，仅由他的孙子杜嗣业"收拾乞丐"，才把杜甫停放在岳阳的灵柩归葬偃师。诗人的遗骨在外面漂泊了四十三年，真是可悲可叹！

从以上对杜甫一生经历的简单叙述中，我们已经可以很清楚地看出杜甫和广大劳动人民的关系以及他是如何成为一位伟大的现实主义诗人的。

二 诗圣故里与杜甫草堂

杜甫诞生地一景

（一）诗圣故里

今天我们所能看到的"诗圣故里"，位于河南省巩义市城区西北五公里处的康店镇康店村西部的邙岭上。它占地大约三十四亩，坐北朝南，主体建筑由大门楼、杜甫大型雕像、双层亭、诗圣碑林、杜甫墓、吟诗亭、望乡亭、草亭、献殿等组成。整个景区种植花木三千余株，奇花异草点缀，绿树成荫，松柏辉映，巍伟庄重。

杜甫就生于此地，并在这里度过了他的少年时代。虽然他在故乡的时间不长，但是一生中始终怀念着家乡，给我们留下了怀乡的著名诗句："露从今夜白，月是故乡明。""秋风楚竹冷，夜雪巩梅春"都表达了诗人对家乡的无比眷恋之情。清朝雍正五年，河南府尹张汉重修此地，并在这里立"诗圣故里碑"一座，乾隆、同治及民国年间又多次立碑。杜甫故居坐东向西，现在宅院长二十米，宽十米，院内有东西向瓦房三间，硬山式灰瓦顶，东侧有房两间，北侧有一窑洞，洞口为砖砌墙壁。洞高三米，宽两米，深二十米。

我们前面提到，杜甫被后人誉为"诗圣"，从唐诗的发展看，他的确是一位承前启后的人物。但他对后世更为重要的影响是在思想

诗圣碑林亭

诗圣故里与杜甫草堂

笔架山砚池

情操方面。他系念国家安危，同情民生疾苦的情操，为历代人们所敬仰，对人们人格的形成，有着不可估量的影响。在后人的眼中，他可谓是一位"神人"，而这位"神人"的出生也带有一种神奇的色彩，民间流传着一个有关杜甫出生时的故事：

在河南巩县有一个美丽的小村庄，名字叫南窑湾。南窑湾风景十分秀丽，背靠黄土岭，面临东泗河，满村竹篱瓦舍、青杨垂柳。在村子中央的土岭上，由西向东冒出三个山头，看起来很像是一个老式的笔架，所以就被这里的人们称为"笔架山"。

笔架山的后面有一个方形的土坑，被称为"砚池"。在笔架山下的砚池旁边，有一所古朴而幽静的院落，院内有一间瓦房，一孔土窑，看上去虽然显得有些简陋，但却不失清雅古朴。院门西侧的墙上镶嵌着一块五尺多高的青石碑，上面刻着"诗圣故里"四个大字。这里，就是杜甫诞生的地方。

民间传说当年天上的文曲星因写诗不慎，惹恼了玉帝，所以就被罚到尘世间受苦。而文曲星下界的地方，恰好就在笔架山和砚池之间。更巧的是，那天村子里正好有位姓杜的小官吏的夫人分娩。当时，夫人见到笔架山上一道金光直上九霄云天，紧接着，一

杜甫故里纪念馆

诗圣故里与杜甫草堂

个男孩便呱呱坠地了。杜家老少非常高兴，马上就给这个刚出生的男孩取名杜甫，表字子美。

杜甫从小就聪明过人，3岁能认字，5岁能背诗，是村子里其他孩子无法比的。在他7岁时的一天，他和同村的小伙伴在村外的河湾里玩耍，玩得正起兴的时候，杜甫突然看到从远远的南天外飞来了一只美丽的凤凰，羽毛光滑闪亮，凤凰越飞越近，飞着飞着，就扇着翅膀舞姿翩翩地落在了他们玩耍的那片河滩上。杜甫立刻跑上前去看，但是凤凰却不见了，看到的只是河滩上端放着一颗五彩斑斓的鹅卵石，那鹅卵石晶莹剔透，在太阳的照射下闪烁着耀眼的光芒。当时，杜甫看到这一神奇的景象，

草堂旧址陈列馆

诗中圣哲——杜甫

草堂内十分幽静

心里又惊又喜，就急忙将那块鹅卵石拿到了自己的手中。同村的小伙伴们出于好奇，都围上来争着抢着要看看那块宝物。杜甫生怕别人抢去，于是急中生智，随手将鹅卵石放进了自己的口中。但是没有想到的是，那鹅卵石表面十分光滑，刚放进嘴里，就被杜甫咽进肚子里去了。后来奇怪的事情就发生了，自从那次吞下鹅卵石以后，杜甫心中总是含着一股抑郁不平之气，只要他看见人民受苦受难，心里就难过，就翻腾，一翻腾便顺口吟咏出无数感人的诗章，哭诉人民心中之苦，道出百姓生活之难。就这样，杜甫怀着这种抑郁不平之气，度过了颠沛流离的一生，写

杜甫的诞生地

诗圣故里与杜甫草堂

"唐工部杜甫故里" 小碑楼

杜甫草堂红墙夹道

诗中圣哲——杜甫

出了许多同情人民群众、关怀人民疾苦的著名诗篇。

此外，上文中说到，清朝雍正五年，河南府尹张汉在这里立"诗圣故里碑"，这其中也包含着一个美丽的传说：

据说在清朝雍正年间，有一个名叫张汉的举人上京应试，考试那天，他坐在考场里无论怎样也写不出满意的文章来。正在他心里发慌、一筹莫展的时候，恍恍惚惚间就看见眼前飘然走过来一位头戴方巾、身着青衫的老者。那老者笑着对张汉说："你怎么聪明一世，糊涂一时啊？到关键时刻怎么会写不出文章来呢？"说着就顺手展开一张很薄的纸。张汉一看，薄纸上的内容原来是楷书写的唐朝杜工部的一首五言律诗。老人用手指点之处，正是"文章憎命达，魑魅喜人过"两句。这两句诗恰似一把开锁的钥匙，使张汉茅塞顿开，心情豁然开朗。张汉使劲儿揉了揉自己的眼睛，想仔细看看他面前的这位老者，但是，在静静的考场上，只有自己，哪里有什么老者？张汉仔细回想了一下，断定可能是自己产生了某种幻觉，但却又分明觉得自己顿时头脑清楚，文思泉涌，提笔做起文章来，如同行云流水，锦绣生华。结果三场考试下来，张汉很是得意，毫无悬念地就中了进士，被当朝圣上钦点为河南府尹。于是，张汉便兴高采烈地带着自己的仆役随从，赶赴洛阳上任。

草堂犹如世外桃源般幽静美丽

诗中圣哲——杜甫

026

　　在上任途中，有一天，张汉一行到达窑湾红土沟时，他在轿内突然看到从东面走来一位老者，步履从容，横轿而过。张汉心里暗暗琢磨：哪里来的山村野老，这样不懂礼数？虽然是这样想，但是他觉得这位老人看起来十分眼熟，好像在哪里见过。沉思间，他猛然想了起来：这不正是那天在考场内启示自己文思的老人吗？于是赶紧命令手下落轿。可是当张汉走出轿子时，老者却已经不见踪影了。于是，他就询问左右的仆役，都说没看见什么老人。张汉心里存着很大的疑惑，于是就步行来到村中打听附近有没有什么名人的遗迹。村子里的一个老百姓指着笔

杜甫陵园石碑

架山下的一个院落说："这个宅院，曾经是唐朝杜工部杜甫诞生的地方。"张汉一听说杜工部，恍然大悟，急忙整理好自己的衣冠，进入院里拜谒。拜谒完毕后，他看看四周，只见一片荒芜，蒿蓬满院，破墙颓垣，十分冷清。此刻，张汉就想到了杜甫为百姓行吟，忧国忧民，颠沛流离，潦倒终身的遭遇，不禁喟然长叹道："一代诗圣，身后竟萧条冷落到如此地步！真个是'文章憎命达'啊！"他又想起曾两次见到的方巾青衫老者，断定他就是诗圣。于是，他恭恭敬敬地站立在那里焚香以后，又拜谒了杜甫诞生窑，瞻仰了笔架山，然后登上路途去上任，一路上仍是慨叹不已。

张汉到洛阳上任以后，心里常常想起杜甫，

杜甫墓碑

以至于夜不能寐。因为他忘不了对自己有莫大帮助的杜甫，所以又派自己的手下去杜甫故里寻找杜甫的后裔，并亲手主持建起了杜甫的家庙，把杜甫诞生的地方修葺一新，并且在故里门前立了一块青色的石碑，亲笔书写了"诗圣故里"四个大字，刊刻于碑上。后来，张汉又带人去到康店的北邙岭上，把杜甫的坟墓重新修整了一番。从此以后，前来杜甫故里谒拜的人们络绎不绝。

杜甫因避安史之乱入蜀，
在草堂安居四年

（二）杜甫草堂

　　杜甫是我国历史上著名的诗人，被人们称为"诗圣"。杜甫草堂是杜甫的故居，是现存杜甫行踪遗迹中规模最大、保存最完好、最具特色和知名度最高的一处。它坐落在成都市西郊的浣花溪畔，占地面积为二十四公顷。759年冬天，杜甫为逃避"安史之乱"，放弃自己的官位，带着全家漂泊于西南各地，经秦州、同谷等地，到了成都，过了一段比较安定的生活。后镇蜀的剑南节度使严武入朝，蜀中军阀作乱，杜甫漂泊到梓州、阆州，后又返回成都。

浣花溪中的锦鲤

严武慕杜甫之名，举荐其为检校工部员外郎，杜工部就是这样来的。朋友尹裴冕还为他在浣花溪上游选择了一块风景不错的地方修建了一座茅屋，就是我们现在看到的杜甫草堂，也称"成都草堂"。杜甫先后在此居住近四年，创作诗歌流传至今的有二百四十余首。《春夜喜雨》《茅屋为秋风所破歌》等就是在这里写的。

杜甫离开成都后，草堂就不存在了。为了纪念这位伟大的诗人，五代前蜀时诗人韦庄寻得草堂遗址，重结茅屋，使之得以保存。北宋以来，有人在诗人故居处建园立祠，供人瞻仰。后又经元、明、清多次修复，其中最大的两次重修，是在明弘治十三年（1500年）和清嘉庆十六年（1811年），基本上奠定了杜甫草堂的规模和布局，演变成一处集纪念祠堂格局和诗人旧居风貌为一体的博物馆，是一处建筑古朴典雅、园林清幽秀丽的著名文化胜地。因此说，现在的杜甫草堂，实际上是后人为纪念杜甫而建的一所优美的园林。 草堂总面积为三百亩，其间檐廊结构布局紧凑，位于

杜甫草堂柴门

诗中圣哲——杜甫

诗史堂中的铜色杜甫像，恢弘古朴，工部祠堂内供奉的杜甫泥塑像，栩栩如生，让人顿生敬慕之情。草堂内，小桥、流水、梅园、竹林交错庭中，另有春之梅，夏之荷，秋之菊，冬之兰可赏，显得既庄严肃穆、古朴典雅又幽深静谧、秀丽清朗。置身其中，让人可发怀古之幽思，又享大自然之浪漫。

　　杜甫草堂的主要建筑自前至后有大厅、诗史堂、柴门、工部祠、"少陵草堂"碑亭等。其中，草堂正门匾额的"草堂"二字是清代康熙皇帝第十七子果亲王爱新觉罗·允礼所题。大厅里陈放着国画杜甫堂全景和杜甫生平介绍。诗史堂是杜甫草堂纪念性祠宇的中心建筑。正中是杜甫行吟的雕塑，壁柱间悬挂着历代石刻杜甫像的拓片、木刻板和纪念诗人的对联。两侧陈列室展出近代书画家的"杜甫诗意画"和书法。工部祠内有杜甫彩塑像，明、清石刻像和两幅"少陵草堂图"碑刻。后人把在四川当过地方官的宋代著名诗人黄庭坚和陆游，也塑像置于配祀祠内。"工部祠"左边的"草堂书屋"和右边的"恰爱航轩"，陈列着宋代以来各个时期的古版杜甫作品和各种外文译本。工部祠东侧是"少陵草堂"碑亭，象征着杜甫的茅屋，"少陵"

杜甫草堂诗史堂

诗圣故里与杜甫草堂

杜甫草堂杜甫塑像

本为地名，汉宣帝墓称"杜陵"，宣帝皇后墓因规模小于帝陵所以称"少陵"。杜甫曾在这里住过较长时间，在诗中曾自称"杜陵野老""少陵野客"，人们也就称他为"杜少陵"了。

现在，杜甫草堂内溪流环绕，竹木葱茏，亭台楼阁掩映在青翠的花草树木之中，是一处颇具特色的祠宇园林。

三、杜甫的诗歌创作

（一）杜甫诗歌的创作背景

唐玄宗像

　　唐玄宗后期，沉溺于声色，挥霍无度，而且又沉迷于道教和密宗佛教，很少过问朝政，导致朝政腐败。朝廷大权先后落入权相李林甫和外戚杨国忠的手中。从开元二十四年（736年）张九龄罢相到天宝十一载（752年），李林甫专权十六年。天宝十三载（754年）以后，杨国忠又独揽朝中大权。李、杨累起大狱，朝政在倾轧与清洗中变得一塌糊涂。当道奸佞之间，又互相争斗，正直的人士无法在朝廷上立足。而权相与拥有兵权的边镇节度使之间，也产生了激烈的矛盾。朝廷的政权内部，已经呈现出了分崩离析的态势。在上者生活奢侈，必然会加重对下层人民大众的盘剥与掠夺。于是，王公、官僚、富豪们就大量兼并土地，到了天宝后期，大量农民已经成为失去土地的流民。所以在社会繁荣的背后，隐藏着极其贫困与不公的现象。唐代社会在经历开元盛世的繁荣之后，暗中正在酝酿着一场大的动乱，而玄宗却对此毫无察觉。

　　在天宝十四载（755年），爆发了历时八年之久的安史之乱。这年的十一

杜甫草堂诗史堂

月，手握重兵的范阳节度使安禄山发所部兵及同罗、契丹、室韦兵共十五万余人，在范阳起兵造反。第二年五月，潼关失守，玄宗仓皇逃离长安直奔蜀地。战火所经过的地方，州县破败，万室空虚，大半个中国呈现出一片疮痍满目的景象。从安史之乱开始，到乾元三年（760年）五年间，全国人口从五千二百八十八万锐减至一千六百九十九万，从这串数字中我们足可以看出这场战争给唐代社会带来的巨大破坏与灾难。

这场巨大的祸患，也使唐诗发生了一次不小的转变。在天宝年间，就有一部分失意

杜甫的诗歌创作

人士，已经在诗中反映了社会的不公与人生的悲惨艰辛。而诗人杜甫就生于这样的一个动乱的时代，他的诗歌创作也是以此为背景的。

（二）杜甫诗歌的创作思想

杜甫生于大唐开元盛世。他不仅拥有盛唐文人所具备的激情、宏伟的气概和时代责任感，而且，他受到儒家思想的影响比同时期的文人更多、更深。

杜甫是一位心系国家安危和民生疾苦的诗人，他有着浓厚的儒家"忠君"思想，以社稷为重是他关怀民生疾苦的出发点。动乱的时代，个人的坎坷遭遇，使他一有感触，就感慨满怀。他的君臣观与孟子一样，

杜甫一生心系国家安危和人民疾苦，是一位富有社会责任感的诗人

诗中圣哲——杜甫

进思尽忠，退思补过，儒者以孝事君，他全
做到了。在民族存亡系于一发的时刻，他的
忠君思想和爱国爱民情怀错综地交织在一起，
对社稷和人民的最终关切，是他"忠君"的
核心内容。贫困潦倒的生活对他的磨炼，使
他成为一个真正的"穷儒"。因此，他身上
有着一种强烈的"平民"意识，一生同情人民，
热爱人民，坚定而真诚地为苍生社稷忧虑，
并用诗歌来抒发自己内心的真实情感，唤起
普通人的思想共鸣。

　　杜甫的政治抱负是"致君尧舜上，再使
风俗淳"，即辅佐君主，救济天下苍生百姓，
使尧舜时代的清明之治能够在当世重新出现。
但是坎坷的人生经历和动荡的时代，把他渐
渐地推向了贫苦的劳动人民之间，使他长期

杜甫一生清贫，身处茅
屋亦乐在其中

杜甫的诗歌创作

杜甫草堂厅院一录

生活在社会底层，所以很自然地就成为一位替黎民百姓呼喊的伟大诗人。

杜甫的爱国思想和忠君观念是联系在一起的。君与国原本就是一个难以割裂的整体，在中国古代，君主就是国家的象征。早年杜甫曾用"葵藿倾太阳，物性固难夺"这一句诗来比喻他对唐玄宗的无比忠诚，这种忠诚就仿佛葵菜和豆叶天性向阳一般不能改变。

在《北征》中，他写道"君诚中兴主，经纬固密勿""煌煌太宗业，树立甚宏达"。他不断地勉励唐肃宗要继承唐太宗所开创的辉煌基业，表达了他急切盼望国家中兴的心愿。

杜甫有忠君思想，但是这种忠心决不是愚忠。朝廷的昏庸君主令杜甫失望，他曾经以一种极其不恭敬的语气讽刺唐肃宗过于信任宦官，惧怕张皇后，"邺城反复不足怪，关中小儿坏纪纲。张后不乐上为忙"。

而他对唐代宗的昏庸更是愤慨，"天子多恩泽，苍生转寂寥""贤多隐屠钓，王肯载同归"。批评唐代宗不能起用贤人，恩泽虽然很多，但是黎民百姓的灾难却更加深重。

可见，当君主的行为与国家利益不一致的时候，杜甫是将爱国和忧民置于首位的。

杜甫对于国家、人民具有十分强烈的责

杜甫草堂一景

杜甫的诗歌创作

任感，对现实生活有深邃的洞察力，因而能够极其敏锐地觉察到当时政治、社会中各种形式的隐患。可以说，他代表着当时的"社会良知"，具有良知的真诚和勇气，即忧患意识和批判精神，以及中国文人的悲剧命运，一种"兼济"不成，"独善"亦不成的生命悲剧。杜甫不仅做了动荡时代苦难人生的代言人，而且以他贴近现实的有血有泪的动地歌吟，表现出了作为一个君子"忧道不忧贫"的高贵人格，一种真正的大慈大悲的仁者襟怀，由此而形成杜诗风格的大、重、拙，是传统儒家人文精神的最高诗意所在。

盛唐文人的心中普遍怀有一种对国家

杜甫草堂幽深的小巷

诗中圣哲——杜甫

和民族的强烈使命感。杜甫也从盛唐的这一时代潮流中，吸取了进取积极、奋发向上的精神，很早就以宰辅自许，以天下为己任，来救济苍生。

虽然杜甫一生贫困潦倒，过着"衣不裹体，食不果腹"的生活，但他却一直执著于关心现实政治，思考有关国家命运的大问题。直到生命的最后一刻，他所念念不忘的还是"战血流依旧，军声动至今"的现实社会。这足以看出杜甫对国家、对人民的强烈使命感与责任感。

杜甫在自己的诗作中曾经多次歌咏凤凰："我能剖心血，饮啄慰孤愁。血以当醴

杜甫草堂简单朴素的建筑

泉，只徒比清流。所重王者瑞，敢辞微命休？……再光中兴业，一洗苍生忧。"凤凰是象征国家太平的祥瑞。而诗人则愿意用自己的心血作为供养国家祥瑞的醴泉，诗人为了国家的中兴，为了解救天下苍生，不惜献出自己宝贵的生命。

总之，杜甫诗歌创作的思想核心是儒家的仁政思想。他有"致君尧舜上，再使风俗淳"的宏伟抱负。他热爱生活，热爱人民，热爱祖国的大好河山。他嫉恶如仇，对朝廷的腐败、社会生活中的黑暗现象都

杜甫草堂茅屋小院

给予批评和揭露。他同情人民，甚至幻想着
为解救人民的苦难甘愿做自我牺牲。虽然杜
甫深受儒家思想的影响，但他从切身生活体
验出发，对儒家的消极方面也有所批判。比
如，儒家说："不在其位，不谋其政。"杜
甫却是不管在不在其位，都要谋其政！儒家
说："穷则独善其身，达则兼济天下。"杜
甫却不论穷达，都要兼济天下苍生。尽管"万
国尽穷途""处处是穷途"，然而他却是"不
拟哭穷途""艰危气益增"。尽管"身已要
人扶"，他却说"拔剑拨年衰"。前人说杜
甫的许多五律诗都可作"奏疏"看，其实不
仅仅是五律。我们知道，儒家也讲究"民为贵，
社稷次之，君为轻"，但另一方面又鄙视生

杜甫的诗歌创作

产劳动,看不起劳动人民。杜甫却与之不同,他喜欢劳动,也主动地去接近劳动人民,甚至愿意为广大人民的幸福而牺牲自己的生命。儒家讲究"华夷之辨",杜甫却在一定程度上摆脱了这种狭隘性。他主张与邻族和平共处,不要进行一系列的不义战争,所以他说:"杀人亦有限,立国自有疆。苟能制侵凌,岂在多杀伤?"(《前出塞》)所以,他非常珍视各个民族之间的友好与和睦关系:"似闻赞普更求亲,舅甥和好应难弃!"(《近闻》)而对唐玄宗的大肆杀伐以致破坏这种关系则加以责难:"朝廷忽用歌舒将,杀伐虚悲公主亲!"(《喜闻贼盗蕃寇总退口号》)再者,用杜甫自己的话来说,"济时肯杀身"是他的一贯

边塞风光

诗中圣哲——杜甫

精神,"穷年忧黎元"是他的中心思想,"致君尧舜上,再使风俗淳"是他的最高理想和主要手段。他拿这些标准来严格地要求自己,也以此来勉励自己的朋友。他表彰元结说:"道州忧黎庶,词气浩纵横。"他对严武说:"公若登台辅,临危莫爱身。"他对裴虬也说:"致君尧舜付公等,早据要路思捐躯。"正是头脑中的这些进步思想,形成了杜甫那种永不衰退的政治热情、坚韧不拔的顽强性格以及胸怀开阔的乐观精神,使他成为我国历史上政治性最强的伟大诗人。当然,这也是和他接近人民的生活实践分不开的。 但是,由于时代与阶级的局限,杜甫不可能否

定皇帝的地位，白居易说"蜂巢与蚁穴，随分有君臣"，也是把君臣关系看作天经地义的事情。在这里，需要指出的是，杜甫虽然接受了儒家的忠君思想，但他的忠君是从爱国爱民出发的。正因如此，他一方面对皇帝存在着很大的幻想，希望通过皇帝的"下令减征赋"来"各使苍生有环堵"；另一方面，他也写了"唐尧真有圣，野老复何知""天子多恩泽，苍生转寂寥"等诗句，直接讽刺当朝皇帝，对封建王侯贵族们祸国殃民的罪行，他更是去勇敢地揭发。

杜甫草堂石桌石凳

（三）杜甫诗歌创作的内容

纵观杜甫一生的诗歌创作，可以说"忧时伤乱"是杜甫诗歌的主旋律。他一生创作了许许多多反映时事、抨击时弊以及言志述怀的名篇名作，这也是杜诗之所以被誉为"诗史"的重要原因之一。

安史之乱爆发以后，杜甫用他的诗，记述了这场战争中的许多重要事件和百姓在战争中所遭受的苦难，以深刻生动、血肉饱满的形象，展现了战火中整个社会生活的广阔画面。而且还抒发了自己内心对平定叛乱、中兴国运的愿望。

唐肃宗乾元二年（759 年）三月，围攻

邺城的九节度使大军遭受惨败，为补充兵员而沿途征兵。这正是杜甫从洛阳回华州的时候。一路上，他亲眼目睹下层劳动人民在兵荒马乱之际所遭受的苦难，于是就写下了著名的"三吏""三别"，这些诗作一方面揭示了统治者在平叛战乱过程中的昏庸无能，不管人民死活，强征民丁的悲惨景象；另一方面又表现了作者忍着内心的伤痛鼓励人民勇敢地走上前线，去支持朝廷的平乱战争的急切心情。这些传世名篇真切地描绘出了这一动乱时代的历史场景。

杜甫的名作《春望》："国破山河在，

杜甫草堂一景

诗中圣哲——杜甫

城春草木深。感时花溅泪，恨别鸟惊心。烽火连三月，家书抵万金。白头搔更短，浑欲不胜簪。"在连月烽火中遭逢春天，连草木花鸟都与诗人一起感受着国破之恨与思家之忧。可以说，在安史之乱中，杜甫和下层劳动人民一起颠沛流离于战乱之中，一起经受着战争的磨难与灾祸。所以，他诗中所描写的一切都是自己的亲身体验，其中融入了他所经历的兵灾祸乱、政治风波以及家庭的悲欢离合。

从杜甫的诗歌里，我们到处都可以看到他虽然自身处于穷困厄运之中，但是仍不忘"穷年忧黎元"的一片滚热心肠。可以说，他的心始终在为苍生的苦难滴血。

杜甫草堂竹林

杜甫的诗歌创作

草堂碑亭

如杜甫在天宝后期所作的《兵车行》："君不见青海头，古来白骨无人收。新鬼烦怨旧鬼哭，天阴雨湿声啾啾！"反映了唐王朝战乱频仍、征调不止所造成的赋税繁重、田园荒芜等严重的社会问题，以及无数壮丁战死沙场的悲惨境遇，寄寓了作者对百姓的深切同情以及对统治阶级的憎恶。

在漂泊西南时期，杜甫虽然远离政治

虽远离政治中心，但诗人
仍密切关注国家局势

中心，但是出于对百姓疾苦的关心，他仍然密
切地关注着国家局势的发展。并融合了他在蜀
中的所见所闻所感，用自己的一篇篇诗作痛斥
残害压迫劳动人民的贪官污吏和企图割据地方
的军阀，反对各种名目的苛捐杂税，追怀往昔
盛唐的繁华景象，抒发自己内心那种无力扭转
乾坤的悲哀与无奈。杜甫有许多名作深刻地揭
示了安史之乱前后上层统治官僚的腐败。如《丽
人行》描写杨贵妃与杨国忠兄妹二人曲江游宴
的场面，讽刺了他们荒淫骄纵的生活。

"朱门酒肉臭，路有冻死骨"，触目惊心
地展现了当时社会中贫富之间的强烈对比。

杜甫草堂碑林

《送韦讽上阆州录事参军》一诗描述了贪官污吏如何豪夺民脂民膏，巧立名目向百姓横征暴敛、苛捐索求的情景。杜甫义正词严地将那班贪官污吏斥为"贼"，认为要拯救穷苦百姓，必须先除去这些鱼肉百姓的地方官。

杜甫出蜀后所作的《三绝句》痛斥那些专横残暴的地方军阀，是比虎还要狠毒的群盗，甚至大胆地指出盗贼本是好百姓，是官吏残暴才逼得他们铤而走险去干坏事。"不过行俭德，盗贼本王臣！"（《有感五首》其三）这就从根本上揭示出天下动乱、盗贼丛生的原因是出自统治者的骄奢淫逸、荒淫无道。

杜甫草堂门厅

　　此外，杜甫还写了许多以日常生活为题的抒情小品，如亲情友情、山水游历、乐舞书画艺术等等，无不收入诗中，从而大大开阔了他的诗歌题材，拓展了诗歌的境界。

　　在沦陷的长安时，他写下了《月夜》《春望》等名作。《月夜》说："遥怜小儿女，未解忆长安。香雾云鬟湿，清辉玉臂寒。何时倚虚幌，双照泪痕干？"抒写月夜怀念妻子和儿女的愁绪，流露了在离乱之中相聚不易的忧思。同时期的作品《北征》也写出了他回家后看到妻儿衣衫褴褛的苦况。此外，

《羌村三首》也记述了回家省亲之事，写重逢时如何悲喜交加，写和家人、邻里如何在这悲喜中相见。

这些思亲愁怀的诗作，都从极细微处真挚地表达出夫妻儿女的至情：悲哀、同情、无可奈何都交织在一起。

在《彭衙行》中，杜甫追述前一年（天宝十五年）携家人逃难，在路途中受到故人孙宰热情招待的经过，并且高度赞美了与友人的深厚情谊："故人有孙宰，高义薄层云。……谁肯艰难际，豁达露心肝。别来岁月周，胡羯仍构患。何当有翅翎，

杜甫草堂祠堂碑刻

飞去堕而前。"

　　杜甫一生游历过很多地方。20岁的时候，
他跟盛唐时的大多数青年一样，为了开阔眼
界，开始到各地去漫游。他到过江南、山东、
河南等地。弃官后从秦州入蜀、漂泊西南，
游历了巴蜀、江湘，写下了许多记述登览行
旅的作品。

　　这些记述登览行旅的作品不同于单纯的
山水行旅之作，它们在山水描写之中，或是
隐现着时代动荡的画面，或是暗含着诗人对
人生的感慨，寄托深远，境界开阔。

　　此外，杜甫在日常生活中还创作了许多

诗人杜甫一生游历过很多
地方

杜甫的诗歌创作

杜甫草堂祠堂碑刻

看着眼前的杜甫雕像，仿佛又看见了那个忧国忧民的诗圣和他那坎坷的人生

小诗篇，尤其是在生活相对平静的成都草堂时期，他留下了不少描写江村景色的诗作，如《堂成》《客至》《江村》《江畔独步寻花七绝句》等名篇，也都写得诗意盎然，又富有生活情趣。

总之，杜甫系念国家安危，同情民生疾苦，为历代人们所景仰，我们从杜甫的不同题材的诗作和题画诗里，都可以看到他的这一思想的体现。

四、杜甫与李白的友谊

李白像

（一）李白与杜甫结交

"文人相轻，自古而然"。但李白与杜甫，唐代两位伟大的诗人，也是中国乃至世界文学史上两位伟大的文学家，他们之间的友谊，却成为文学史上的一段佳话。洛阳相会使他们产生了亲如兄弟般的友谊，二人互相寄赠的诗篇，至今仍被人们广为传诵。

杜甫在他十四五岁时，已经在洛阳文坛崭露头角。洛阳名士崔尚、魏启心等看了杜甫的作品都很吃惊，称他是班固和扬雄的再生。当时杜甫在他的诗中也曾经表达过自己想要有一番作为的伟大志向，"大丈夫必有四方之志，乃仗剑去国，辞亲远游"。实际上，这种远游也有它客观上的理由，"四方之志"不外乎为自己将来的生活寻找一条出路。所以有很多人在参加科举考试之前，就走出家门，到文人荟萃的大都市，用言语或诗文自我宣传，结交有权威的人士，因为这对自己将来的发展是很有好处的。纵酒放歌，嫉恶如仇的杜甫，就是在这种动机的驱动下开始了他的漫游生活。

在长达八九年的漫游当中，杜甫领略

了各地的人文与自然风光，但同时也看到了
国家的一些隐患：朝廷穷兵黩武，边将好战
喜功，征戍频繁，赋役繁重。他顿时就陷入
了苦闷之中。正在这一时刻，他遇到了李白，
才得以抒发内心的积怨。

　　他们在杜甫父亲杜闲的家里相识，两人
不仅有诗歌的往来，而且还度过一段美好的
时光。当时李白已经名满天下，天宝元年(742
年)他奉唐玄宗之命进入长安。唐玄宗命李
白供奉翰林，陪从侍宴，代草文书，但是并
未重用他。他依然是一副傲岸和放荡不羁的
性格，过着狂放的诗与酒交错的生活。一到
长安，他就和酒徒们聚在一起，如鱼得水。
而他的行为当时就是在玄宗的眼里也是新奇
的、有趣的。唐玄宗最宠信的宦官高力士，

高力士墓

杜甫与李白的友谊

061

杨贵妃塑像

是权倾内外的显赫人物。有一次李白在唐玄宗面前喝醉了酒，显露出了他的傲慢之态，还喝令高力士为他脱靴。所以，他最终为高力士、杨贵妃等人所不容，只得"恳求"归山而被"赐金"离开了长安。政治上的失败和仕途上的挫折，使李白感到极度悲愤。之后，他只身来到洛阳。李白与杜甫相会正是在李白因为触怒权贵被放归山林的时候。杜甫在诗中描写当时的情形是："余亦东蒙客，怜君如兄弟。醉眠秋共被，携手日同行。"相似的人生遭遇，同样的孤傲性格，李白和杜甫可谓一见如故，而且是很投缘的。再加上他们都喜欢饮酒，因而在欢饮达旦中各显出一番天真来。杜甫后来在《寄李十二白二十韵》一诗中写道："剧谈怜野逸，嗜酒见天真。"说的是自己和李白高谈阔论，而酒宴中的李白最能表现出他的个性本色，最能张扬他的人格魅力。此外，当时李白的一派仙风道骨也深深地吸引了杜甫，他亲自陪同李白去求仙访道。二人越过黄河，到了王屋山，去寻访道士华盖君。谁知走到小有清虚洞天，才知华盖君已经死了，其生前所居住的寺院也是一片荒芜，他们只好沮丧而归。

梁园

之后，李白去陈留拜访从祖，当时任采访使（监察官）的李彦允，杜甫则到了梁宋（今河南一带），李白接着赶来。在梁宋，他们又遇到了高适。当时高适参加科举考试没有中举，正在梁宋和山东一带漫游。杜甫在开元末年曾与他在汶水之溪相识，如今重逢，三位诗人在这里度过了一个浪漫而自由的秋天。

他们三人同游了汴州东南的梁园。梁园是西汉文帝二儿子梁孝王刘武建的离宫，原有平台、兔园等名胜。经过南北朝时期的战乱洗礼后，这个时候已经荒芜了，但遗迹还保留着。三人在凭吊历史中不禁为世事的沧桑巨变而感叹。他们一同登上酒楼，饮酒赋诗，心情十分愉悦。这时李白44岁，已经名扬天下；高适43岁，他的边塞诗也享有盛名；而杜甫才33岁，重要作品还没有产生。他觉得李白、高适的想象丰富，构思奇特，钦佩之情，溢于言表。喝完酒后，他们仍然兴致勃勃，便登上了城东南的吹台，面对芒山、砀山，勾起了怀古的幽情。汉高祖刘邦曾经隐匿于此地，如今刘邦早已故去，听到的只是几只大雁和野鸭在悲哀地鸣叫。不想在当前这所谓太平盛世中，人们竟然心中空怀大志，却无法施展，正像那失群的孤雁，一阵悲伤凄婉的情绪不禁在杜甫的心头泛起。他们对现实不满，

梁孝王陵寝遗址

诗中圣哲——杜甫

于是发出了对唐王朝的批判：

先帝正好武，寰海未凋枯。猛将收西域，长戟破
林胡。百万攻一城，献捷不云输……

当朝皇帝喜好发动战争，而守边的将领贪功，用
兵吐蕃，侵袭突厥，所以他们三个人忧国伤时，担心
总有一天天下会大乱，而百姓也会遭殃。

宋州以北，直到单父（今山东单县），有一片非常
适合游猎的孟渚泽。他们三人在这里一起驰骋游猎。
冬天，他们登上了城北的单父台，遥望远方那没有边
际的原野，似乎一直能望到渤海的海滨。凛冽的寒风、
苍茫的风云，从万里之外扑面而来。他们内心又想到
了唐玄宗的穷兵黩武，谈到了"太平盛世"背后所隐
藏的危机。"君王无所惜，驾驭英雄才。幽燕盛用武，

李白塑像

供给亦劳哉！"他们对东北边境的急迫形势已经深深地感到不安了。

天宝四年(745年)，高适前往南方去游楚地，杜甫和李白到了山东齐州。李白要在齐州紫极宫领受北海高天师的"道箓"，杜甫则拜访了北海太守李邕。秋天，杜甫到了兖州，李白又由任城(今山东济宁)赶来相会。这次重逢，杜甫写出这样四句诗赠给李白，表达了怀才不遇，愤世嫉俗的心情：

秋来相顾尚飘蓬，未就丹砂愧葛洪。痛饮狂歌空度日，飞扬跋扈为谁雄？

之后他和李白一起到山东访问道士董炼师和元逸人。他们白天携手同行，晚上饮酒，醉时就共盖一条被子酣睡淋漓，彼此之间的感情比去年在洛阳和宋州的时候又增进了许多。他们有时走出兖州北门，寻访范隐士的居所，在那里任情畅谈，常常守着一杯酒细细地谈诗论文。但这却是两位伟大诗人生命中最后的相聚。不久之后，杜甫欲西去长安，而李白则准备重游江南。二人在兖州城东的石门分手，临别的时候，李白赠给了杜甫一首诗：

醉别复几日，登临遍池台。何时石门路，

重有金樽开？秋波落泗水，海色明徂徕。飞蓬各自远，且尽手中杯！（《鲁郡东石门送杜二甫》）

后来二人各奔东西，但有诗互相寄赠。杜甫格外珍惜与李白的这一段友情，他日后写下二十多首与李白有关的诗歌。在他的诗歌中充满了对李白的崇敬，而且对李诗风格的评价甚为恰当。如《春日忆李白》："白也诗无敌，飘然思不群。清新庾开府，俊逸鲍参军。渭北春天树，江东日暮云。何日一樽酒，重与细论文。"此外，在《杜甫诗集》还可以见到十来首，如：《赠李白》《春日忆李白》《梦李白》《天末怀李白》等等。李白写给杜甫的诗《李白集》中有《戏

李白和杜甫惺惺相惜，友情甚笃

诗中圣哲——杜甫

赠杜甫》《沙丘城下寄杜甫》《鲁郡东石门
送杜二甫》。就此也可以想见两位伟大的诗
人曾经的关系。

　　中国文化史上俞伯牙和钟子期之间"高
山流水觅知音"的深厚友情历来被人们所推
崇，但是李白与杜甫的友情，可以说，堪比
伯牙与子期。但他们的交往，是那么的短暂。
相识已是太晚，作别又是那样的匆忙，正像
李白送别诗里所写到的："飞蓬各自远，且
尽手中杯。"从此两人再也没有见面。多情
的杜甫在这以后一直处于对李白的思念之
中，不管流落何地都写出了刻骨铭心的诗句。

杜甫与李白的友谊

李白故居

此后在天宝十五年，李白参加了永王起兵与肃宗争夺皇位的行动，被唐中央王朝所仇视。当时李白的心里是孤独而落寞的，但是，世界上却有一个人，对李白的爱戴与尊敬并没有随着社会的舆论而改变，这个人就是杜甫。他写诗为李白抱不平，为其剖白辩护。他说："处士祢衡后，诸生原宪贫。稻粱求未足，薏苡谤何频！"意思是李白之下庐山随从永王，乃是被生活所迫要讨碗饭吃，根本不是怀有什么野心。"苏武元还汉，黄公岂事秦？"说的是正像苏武欲归汉，夏黄公不事秦始皇一样，李白追随永王也并非是其心甘情愿的，乃至于杜甫愤怒地喊出了"世人皆欲杀，吾意独怜才"的诗句。在众人对李白避之不及的情况下，杜甫却写下一首首诗为李白的罪名开脱，真可谓是用心良苦。

诚然，这两位唐代诗坛巨匠之间的忘年之交是无比受人推崇的。杜甫对李白诗歌的赞美极大地扩大了李白诗歌的影响，而且为后代的人们如何去欣赏李白的诗歌，指出了一个明确的方向。虽然当时杜甫的名气比不上李白，但是后人对杜甫诗歌的评价却上升到和李白同样的高度。郭沫若更称："李白和杜甫是像兄弟一样的好朋友。他们在中国文学史上的地位就跟天上的双子星座一样，永远并列着发出不灭的光辉。"虽然他们两

李白故里石刻

杜甫与李白的友谊

李白故居一景

个人在文学道路上的探索与追求各不相同，但是却能够肝胆相照、惺惺相惜。

总之，李白是诗仙，杜甫是诗圣。仙出世，李白一生都在想象于虚幻中浪漫地飞行；圣入世，杜甫一生都在现实的荆棘与泥水中艰难地行走跋涉。李白写幻想，杜甫写现实；李白写梦中世界，杜甫写梦醒时分；李白写复杂为单纯，杜甫写单纯为复杂；李白写过往未来，杜甫写当今时世；李白近道，杜甫近儒；李白是传奇，杜甫是诗史；李白是天之骄子，杜甫是国中豪杰；李白诗歌秀丽在于神，杜甫诗歌壮美在于骨。二人都以他们超凡的诗才和博大的襟怀，撑起了盛唐及中唐诗坛一片"高不可及"的绚丽天空；都以其令人崇敬的人格和真挚的友情，谱写出了文学史上一段"文人相重"的千古佳话。

李白和杜甫都虚怀若谷，彼此尊重，他们的交往和真挚的友谊为后代树立了良好的榜样。这在文人之间的交往中可以说是非常难得的。特别是杜甫，自从分别后，一直怀念着李白，并一直赞美着李白。说他是一位天才，是"一斗诗百篇""敏捷诗千首"；说他的诗能够"笔落惊风雨，诗成泣鬼神"。在二人的友谊中，杜甫表现出了对李白极大的信任。究其原因，是因为杜甫对李白的崇敬已经根深蒂固了。

杜甫对李白的崇敬之情表现之一：李白是一位天才，生性放荡不羁，潇洒飘逸，具有行云流水般的诗歌才情，因此当时已经被人们尊称为"诗仙"。他天马行空，不拘一格，用自己的生命来寻找浪漫，世人不得不震撼于他的激情澎湃，并不自觉地被他的那种精神所吸引，以至于被感染，被打动……李白的诗好似川江上行船，异峰奇岩，山花竹海，扑面而来。忽而满天白云，日朗气清。忽而风雨飘洒，薄雾缭绕。顺流而下，两岸的猿

李白生性放荡不羁，潇洒飘逸

杜甫与李白的友谊

李白的诗好似川江上行船，峰奇岩，
变幻莫测

声啼叫听不尽，四面的屏风叠嶂看不完。
李白诗又如高度的烈酒，俗称"烧刀子"，
一饮入喉，便会酒精刺鼻，热力入肺，胸
胆开张。但不宜浅斟，而要痛饮；不宜小杯，
而要大盅，需有一定酒量者方可尝试。酒
酣耳热，一醉陶然，便飘飘有凌云之概……
李白诗具有豪放飘逸的风格、变化莫测的
想象、清水芙蓉的美，对同时期的诗人有
很大的吸引力。

在李白和杜甫相处的那一段时期里，
两个人经常在一起喝酒谈诗论文，所以，
李白的诗歌造诣必定会对杜甫的诗歌创作

产生一定的影响。曾有观点认为，杜甫《登兖州城楼》诗中的两句"浮云连海岱，平野入青徐"与李白诗句"秋波落泗水，海色明徂徕""青山横北郭，白水绕东城"的句式相似，但是视野比以前更开阔了。于是后人就有这样一种猜想，李杜相处的那段时间里，李白曾经帮助杜甫修改过诗篇。虽然这一观点还有待进一步的确认，但是两个同样喜爱诗歌创作的人在一起谈诗论文，肯定会互相切磋技艺。而李白当时又是诗坛的泰斗，诗歌自成一体，因此，作诗经验自然比杜甫丰富，所以说他指导杜甫修改诗歌是再正常不

兖州城楼

杜甫与李白的友谊

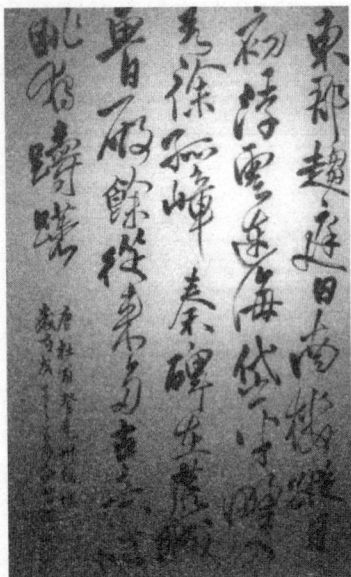

杜甫诗作

过的事情了。

而杜甫在与李白的谈话交流中，除了能吸收经验外，还感受到了李白的那种天性豪放飘逸的精神气概。他后来在《春日忆李白》中写道："白也诗无敌，飘然思不群。清新庾开府，俊逸鲍参军。渭北春天树，江东日暮云。何时一樽酒，重与细论文。"

他在诗中赞美着李白：相对于庾信的诗清新而不俊逸，鲍照的诗俊逸而不清新来说，李白的诗可以说是二者兼而有之，其清新俊逸之风实在是没有人可以比得上的。并且诗中还表达了杜甫期盼和李白再次重逢，继续把酒言欢，作诗论文的愿望。我们从这些诗句中都能看出杜甫对李白的衷心赞美以及对李白才华的推崇和肯定。

杜甫对李白的崇敬之情表现之二：景仰其求仙问道，追求自由生活，张扬个人品性的人生态度。

同为宗教，道教和佛教在思想观念上有很大差别：和佛教以生为苦刚好相反，道教是以生为乐，以长寿为大乐，以不死成仙为极乐，这就吻合了人们的第一层发自本能的需要——生存；和佛教实行禁欲

苦行相反，道教主张人要活得舒服，活得自
在，这就吻合了人们的第二层需要——享乐；
既能生存，又能享乐，还需要高雅脱俗，不
堕俗尘，这种就是神仙日子，这就吻合了人
们的第三层需要——精神满足。作为深受道
教思想影响的李白，自然形成了他追求生活
自在、思想自由的品格，在他身上有一股仙
灵之气与天人妙相。这种信仰在李白思想中
占有重要地位，在他的近千首诗中有一百多
首与神仙道教有关。他正式入道，"名在方
士格"。他炼丹服食，是非常认真的，充满
对于神仙境界的幻想。当他仕途失意的时候，
便进一步走向道教。道家和道教信仰给了他

李白《上阳台》

杜甫与李白的友谊

一种极强的自我解脱的能力。他的不少诗表现出人生如梦、及时行乐的思想，而其实是渴望任随自然、融入自然，在内心深处深藏着对于人生自由的向往。在他的人格里，有一种与自然的亲和力。山水漫游，企慕神仙，终极目的是要达到一种不受约束的逍遥的人生境界。他的狂傲不羁的性格，飘逸洒脱的气质，都来源于这样的思想基础。而人们往往觉得超凡脱俗并有突出成就的人会有种高不可测的感觉，也容易对这类人产生景仰。杜甫也不例外。其《寄李十二白二十韵》的首两句："昔年有狂客，号尔谪仙人。"其中的"狂客"，指贺知章。这两句记录了贺知章送号给李白一事：李白作为当时的一位著名诗人出现在长安

山水漫游，企慕神仙

诗中圣哲——杜甫

李白喜爱求仙问道，追求个性张
扬的自由生活

诗坛之际，诗坛长老贺知章便对其人格、诗
风作出"谪仙人"这一评价。杜甫与李白相
识后，对贺知章送号"谪仙人"给予李白表
示出了极大的赞同，因为他与贺知章一样，
见到李白后都惊为谪仙人。可见李白的仙风
道骨给杜甫留下了深刻的印象。

　　此外，李白的明朗、自信、奔放的感情，
与自然合而为一的潇洒风度也曾经让杜甫景
仰不已。《赠李白》中"李侯金闺彦，脱身
事幽讨"，这两句可以对比出杜甫眼里李白
的超然，指出李白的心境是一般人达不到的。

贺知章塑像

于是杜甫跟着李白一起去名山大川寻仙访道。《与李十二白同寻范十隐居》一诗记述了他们一起寻访范道士一事，并借此抒发二人的真挚友情。而《赠李白》一诗中有"亦有梁宋游，方期拾瑶草"，道出杜甫自己也早就有出游梁、宋的打算，正在期望与李白同游梁、宋，拾瑶草、采玉芝。而杜甫的《赠李白》中提及李白喜欢炼丹服药一事："秋来相顾尚飘蓬，未就丹砂愧葛洪。"从中也可

《李白醉酒》玉雕

猜想出他们之前曾经"相期拾瑶草"。杜甫和李白分别后，杜甫在长安感受到了人世冷暖，对李白与纯真的友情更加珍重，对与李白一起度过的自由放任的日子更加思念。他甚至后悔没有与李白一道隐居山林，却跑到长安来看人冷眼，寄人篱下……虽然杜甫最终还是近儒多于近道，但是与李白交往的时期，杜甫的求仙诗和游侠诗明显地豪放、大气得多。就人生态度而言，杜甫也旷达了许多，所以与李白一起求仙问道的经历是他永生难忘的。

杜甫对李白的崇敬之情表现之三：崇敬其快意恩仇，笑傲王侯的人格魅力。

杜甫与李白的友谊

酒樽石

虽然道教的影响使李白拥有了不为权势富贵所迫、不为世俗名利所累的个性。但是在他心中也有"安社稷、济苍生"的宏愿，"终与安社稷"（《赠韦秘书子春》），"谈笑安黎元"（《书情赠蔡舍人》），就是他的这种意愿的写照。李白也曾得玄宗礼遇，但他得不到重用，并不得志。而李白平生结交王侯，傲视群小，终于招来嫉恨，屡遭谗毁、排挤和打击。依他的个性，自然不会违己心志，屈从权贵，而是更强烈地追求自由。一句"安能摧眉折腰事权贵，使我不得开心颜！"就表现了他对自由的热烈追求和对权贵的无比蔑视；一句"古来圣贤皆寂寞，唯有饮者留其名"，表现了李白对权势富贵的轻视，对封建礼法埋没人才的黑暗现实的批判。

李白一生爱好饮酒，其狂傲飘逸的人格也与酒有着千丝万缕的密切关联。酒是李白人生中不可缺少的伴侣，酒意与仙风是李白生命的动力。有了酒，李白就有了傲视王侯的勇气。杜甫曾称赞说："李白斗酒诗百篇，长安市上酒家眠。天子呼来不上船，自称臣是酒中仙。"说的是李白只要喝下一斗酒，就能作出上百篇诗，他

李白的诗歌和他的性情一样，狂傲飘逸

经常在长安街市饮酒，醉了就睡在酒家里。因此，可以说诗与酒是透视李白人格的聚光，饮酒能称酒仙，吟诗堪作诗仙的人，数千年来，仅李白一人而已。"黄金白璧买歌笑，一醉累月轻王侯"。在酒中更能表现出李白的狂傲姿态。他虽然出身平民，但是却从来不肯向权贵们低头，始终保持着自己傲岸不屈的独立人格。"天子来呼不上船"，对于李白来说，无论是帝王，还是高官，自己都可以与他们平起平坐，调笑嬉戏。谈起自己供奉翰林时的情景，李白曾不无自豪地说自己"揄扬九重万乘主，谑浪赤墀青琐贤"。在酒气中，李白可以让当朝圣上为自己调羹，

李白诗作

让宰相李林甫为自己磨墨，让杨贵妃为自己捧砚，让高力士为自己脱靴，这是何等的狂傲，何等的豪放！李白在醉意中的狂傲放达，正表现出了他要从精神上超越等级森严的封建专制制度，在人格上高扬自我，维护个体尊严的要求。

都说好酒的人一定是为人坦荡，做事光明磊落的大丈夫。因此，他们不会惧怕酒醉后惹祸上身，身在尘世之间，而心境却早已超然于世俗之外。杜甫对李白的这种纵恣天才和不畏权贵、洒脱豪爽的性格赞叹不已。

此外，李白还是时代的娇子。他具有

"戏万乘若僚友，视同列如草芥"的独立
人格和"剧谈怜野逸，嗜酒见天真"的个
性风采等等，所有的这些使他具有了一种
非凡自信的资本——"天生我才必有用"。
但是他又把人生想得过于简单与理想化了。
他心存求仕之心，但是却不愿意走科举入
仕之路，也不愿从军边塞；而是寄希望于
风云际会。始终幻想着"平交王侯""一
匡天下"而"立抵卿相"，建立一番盖世
功业之后便功成身退，归隐江湖。这种脱
离了现实环境的理想化人生设计，再加上
李白心高气傲的性格，注定会被现实打击
得遍体鳞伤。其中在他一生中最大的挫折

李白醉酒塑像

杜甫与李白的友谊

087

太白碑林

莫过于上文所提到的追随永王起兵事件。李白被判罪流放夜郎，杜甫写下《天末怀李白》："凉风起天末，君子意如何？鸿雁几时到，江湖秋水多。文章憎命达，魑魅喜人过。应共冤魂语，投诗赠汨罗。"

其中"文章憎命达，魑魅喜人过"二句，意思是才华横溢的人总是命运坎坷。语言极其悲愤，其中暗含着李白是因为受人诬陷而被流放夜郎的。而最后两句，杜甫通过哀叹李白的身世，很自然地联想到被谗放逐、自沉汨罗江的战国时期的爱国主义诗人屈原。他认为李白和屈原在遭遇上有着某些相似的地方，屈原是含冤而死，而李白是含冤被流放。杜甫自始至终都是相信并支持着他的挚友，这足以表明他对李白人格的敬佩之甚，认识之深。令人庆幸的是，在杜甫作诗的时候，李白已经遇赦放还在南游洞庭了，而杜甫对李白的那种怀念和牵挂，却依然还在继续着……

少年李白塑像

（二）杜甫与李白互赠诗几首

李白与杜甫的友谊是中国文学史上的佳话。杜甫在自己的诗里生动地描写了二人同游以至结交深厚友谊的经过。他们在石门分别，李白南下江东，杜甫西上长安，从此以后二人再也没有见过面。但是，杜甫非常珍惜和李白的这段友谊，曾经多次写诗怀念李白，下面就举其中的几首为例。

梦李白二首

杜甫

其一 死别已吞声，生别常恻恻。江南瘴疠地，逐客无消息。故人入我梦，明我长相忆。君今在罗网，何以有羽翼？恐非平生魂，路远不可测。魂来枫林青，魂返关塞黑。落月满屋梁，犹疑照颜色。水深波浪阔，无使蛟龙得！其二 浮云终日行，游子久不至。三夜频梦君，情亲见君意。告归常局促，苦道来不易。江湖多风波，舟楫恐失坠。出门搔白首，若负平生志。

冠盖满京华，斯人独憔悴！孰云网恢恢？将老身反累！千秋万岁名，寂寞身后事。

此诗作于乾元二年（759年）秋，当时作者杜甫正客居秦州（今甘肃天水市）。在758年，李白因参加永王的军队被判处流放夜郎（治所在今贵州正安西北），到这年春天行至巫山就遇到赦免放还。杜甫只是知道李白被流放，但是却不知道他已经遇赦放还，所以心里很是担忧李白的前途，一连几天做梦都梦见了他，所以就写了这两首诗。但是，写成这两首诗后不久，作者获悉李白遇赦，十分高兴，又写了《寄

杜甫草堂一景

诗中圣哲——杜甫

李十二白二十韵》，把李白的遭遇、人格以及诗歌的成就统统都写了进去，等于给他作了传记。

不见
杜甫

不见李生九，佯狂真可哀！
世人皆欲杀，吾意独怜才。
敏捷诗千首，飘零酒一杯。
匡山读书处，头白好归来。

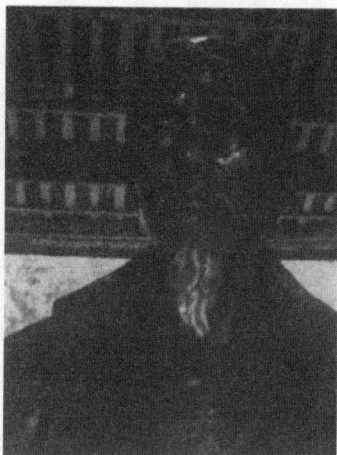
杜甫铜像

这首诗作于作者客居成都的初期，或许杜甫在这一时刻已经辗转获悉李白已在流放夜郎的途中获得释放，所以就有感而作。这首诗用质朴的语言，表现了对挚友的深情。开头一句，突兀陡起，好像蓄积于内心的感情一下子迸发出来了。句首置"不见"二字，深切地表达了作者急切渴望见到李白的愿望，又把"久"字放到句末，强调他对李白的思念时间之长。因为杜甫和李白自天宝四载（745 年）在兖州分手以后，已经有整整十五年没有再见过面了。此外，这首诗中还流露出诗人对李白怀才不遇，因而疏狂自放的哀怜和同情。古代一些不满现实的人也往

杜甫和李白在洛阳相会，两
位诗人对酒吟歌

往佯狂避世，像春秋时的楚狂接舆。李白
即自命"我本楚狂人"（《庐山谣寄卢侍
御虚舟》），并且经常纵酒吟诗，笑傲王
侯贵族，以一种狂放不羁的态度来抒发自
己心中欲济世而不得的悲愤心情。一个有
着远大抱负的人却不得不"佯狂"，这实
在是一个大悲剧。"佯狂"虽然能够蒙蔽
世人的眼睛，然而作为李白的至交，杜甫
却可以深深地理解和体谅李白心中的那份
苦衷。"真可"二字修饰"哀"，很生动
地传达出诗人对李白无限叹惋和同情之心。
然而这种悲剧也同样发生在杜甫的身上，
他曾经因为上书救房琯而被皇上逐出朝廷，

不也是"世人"对他的一种不公的表现吗？"怜才"也是怜己。共同的遭遇将两位挚友的心更加紧密地联系在一起，这也许就是杜甫深切哀怜李白的根本原因吧。

赠李白

杜甫

秋来相顾尚飘蓬，未就丹砂愧葛洪。

痛饮狂歌空度日，飞扬跋扈为谁雄？

开元二十九年（741年）杜甫结束了人生中的第二次漫游，从山东回到了河南洛阳。天宝三载（744年），李白因为对杨贵妃和高力士擅权专横的行为不满，于是就离开了长安，在经过洛阳的时候见到了杜甫。这两位

杜甫《赠李白》

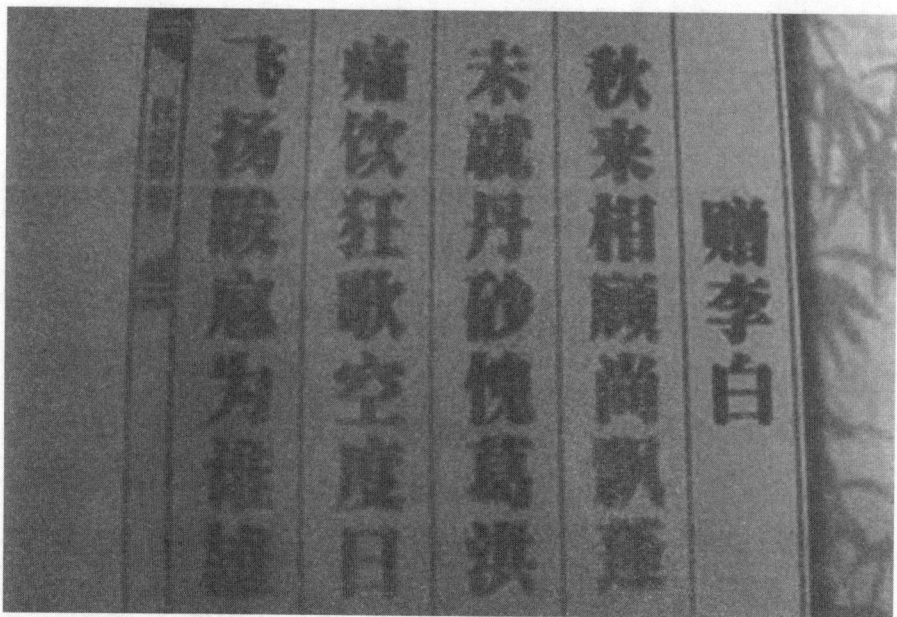

杜甫与李白的友谊

诗人一见面谈话就非常亲热、投机，从此以后就结下了深厚的友谊，成为中国文学史上的一段佳话。

而唐朝在安史之乱以前，学道求仙的风气很盛。统治者妄想成仙，希望把他们这种优越的生活永远延续下去。此外，还有一些对现实不满的人，想通过炼丹修道，超凡脱俗，以获得精神上的解放。李白反对人世间的一切桎梏，强烈要求个人自由，所以学道求仙也成为他生活中的主要经历。杜甫是一个具有伟大政治抱负的现实主义诗人，对于李白所追求的这种人生情调，原本是格格不入的，

李白墓

诗中圣哲——杜甫

杜甫草堂回廊一角

但是由于这个时候他政治上不得意，生活上也是穷困潦倒，所以看不到未来生活的出路，他在被李白豪迈超脱的风度和才华横溢的诗篇吸引的同时，也被他学道求仙的生活所感染。这首诗就表达了作者杜甫对李白那种追求自由、狂放不羁精神的赞赏与敬佩。

饮中八仙歌

杜甫

知章骑马似乘船，眼花落井水底眠。

汝阳三斗始朝天，道逢曲车口流涎，恨不移封向酒泉。

左相日兴费万钱，饮如长鲸吸百川，衔杯乐圣称避贤。

宗之潇洒美少年，举觞白眼望青天，皎如玉树临风前。

苏晋长斋绣佛前，醉中往往爱逃禅。

李白与酒有着不解之缘

李白一斗诗百篇，长安市上酒家眠，天子呼来不上船，自称臣是酒中仙。

张旭三杯草圣传，脱帽露顶王公前，挥毫落纸如云烟。

焦遂五斗方卓然，高谈雄辩惊四筵。

《饮中八仙歌》是一首别具一格、富有特色的"肖像诗"。八个酒仙是同一个时代的人，又都在长安生活过，在嗜酒、豪放、旷达这些方面彼此都非常地相似。诗人以简练的语言，运用人物速写的手法，将他们写进一首诗里，构成一幅栩栩如生的群像图。在诗中所描绘的这八个人中，李白第五个出场，但是他却是这首诗的中心人物。因为李白与酒有着不解之缘，李白自己也说过"兴酣落笔摇五岳"（《江上吟》），"百年三万六千日，一日须倾三百杯"（《襄阳歌》）。杜甫描写李白的几句诗，"李白一斗诗百篇，长安市上酒家眠，天子呼来不上船，自称臣是酒中仙"，以一种浮雕般的手法突出了李白的嗜酒和诗才。李白嗜酒，醉中往往在"长安市上酒家眠"，习以为常，不足为奇。"天子呼来不上船"这一句，顿时就使李白的形象变得高大奇伟。李白醉酒后，更加狂放不羁，豪气纵横，即使天子召见他，他也不会表现出一副毕恭毕敬、诚惶诚恐的样子，而是非常自豪地大声呼喊："臣是酒中仙！"强烈地表现了李白不畏王侯与权贵的性格。"天子呼来不上船"，虽然未必是事实，而且还带有一些夸张的色彩，但是却非常符合李白的思想性格，所以就具有高度的艺术概括性和强烈的艺术感染力。杜甫是李白的挚友，他很准确地把握到了李白思想性格的本质，并加以浪漫主义的夸张，将李白塑造成这样一个豪放纵逸、桀骜不驯、敢于蔑视封建王侯的艺术形象，使得李白这尊肖像，神采奕奕，形神兼备，焕发着美好的理想光辉，令人难忘。这也正是千百年来人民所喜爱的极富浪漫主义色彩的李白形象。

饮中八仙

李白直接为杜甫写的诗，评家认可的只有两首，即《沙丘城下寄杜甫》和《鲁郡东石门送杜二甫》，全录于此。

沙丘城下寄杜甫 李白 我来竟何事？高卧沙丘城。城边有古树，日夕连秋声。鲁酒不可醉，齐歌空复情。思君若汶水，浩荡寄南征。

沙丘城，旧说在河北巨鹿，又有人认为在山东掖县，都不确切。根据这首诗来判断，大约在山东汶水流域，这是李白在鲁中寄居

杜甫与李白的友谊

的地方。这首诗可能是天宝四载（745年）秋，李白在鲁郡送别杜甫、南游江东之前，回到沙丘寓所写，诗中表达了对杜甫深深的怀念之情。从天宝三载春夏之交，到天宝四载秋，李白与杜甫两个人虽然也曾经有过短暂的分离，但是总的来说，相处的日子还是很多的。现在，诗人送别了杜甫，告别了那种充满着友情与欢乐的生活，独自一人回到沙丘，心中自然就会倍感孤独寂寞，更加认识到友谊的宝贵。这首诗就抒发了作者在这种情境之下的无法排遣的"思君"之情。不过，值得注意的是，诗人一开始用很多的笔墨写"我"——"我"的生活，"我"的周边环境，以及"我"的内心感受。诗的前六句没有一个"思"

李白诗作

诗中圣哲——杜甫

字，也没有一个"君"字。，让人读起来有一种山回路转、不知将至的感觉。一直到诗的结尾才豁然开朗，说出"思君"二字，可谓是卒章显志。当我们明白了这个主旨之后，再回过头去细细地体味前面六句时，就会又觉得没有一句不是在写"思君"之情的，而且在感情上是一联胜似一联，以至最后不得不直抒胸臆。可以说前六句之烟云，都成了后两句之烘托。这样的构思，既能从各个角度，以身体的各种感受，为诗的主旨积蓄力量，同时也赋予了那些日常生活的小事情以浓浓的诗味。

鲁郡东石门送杜二甫李白 醉别复几日，登临遍池台。 何时石门路，重有金樽开？

杜甫石刻像

秋波落泗水，海色明徂徕。飞蓬各自远，且尽手中杯！

　　这是一首送别诗。李白于天宝三载（744年）被诏许还乡，驱出朝廷后，在洛阳与杜甫相识，二人一见如故，来往密切。天宝四载，李杜重逢，把鲁郡一带的名胜古迹都看遍了，深秋，杜甫西去长安，李白再游江东，二人在鲁郡东石门分手，临行时李白写了这首送别诗。殷切表示希望能再次相聚。石门，在今山东曲阜县东北，山不甚高大，有石峡对峙如门，故称石门。是一座风景秀丽的山峦，山有寺院，泉水潺潺，李杜经常在这幽雅隐逸的胜地游览。

　　"醉别复几日"，没有几天便要离别了，那就痛快地一醉而别吧！两位大诗人在即将分手的日子里舍不得离开，"醉眠秋共被，携手日同行"。鲁郡一带的名胜古迹，亭台楼阁几乎都登临游览遍了，"登临遍池台"说的就是这个意思。李白多么盼望这次分别后还能重会，同游痛饮，"何时石门路，重有金樽开？"这两句诗也就是杜甫所说的"何时一樽酒，重与细论文"的意思。"重有金樽开"中这一"重"字，热烈地表达了李白希望重逢欢叙的迫切心情，又说明他们生活中有共同的乐趣，富有浓烈的生活气息，读来令人感到亲切。

李杜同嗜酒，同爱游山玩水。他们是在秋高气爽、风景迷人的情景中分别的，"秋波落泗水，海色明徂徕"。这里形容词"明"用如动词，赋予静态的自然色彩以运动感。不说徂徕山色本身如何青绿，而说苍绿色彩主动有意地映照徂徕山，和王安石的诗句"两山排闼送青来"（《书湖阴先生壁》）所采用的拟人化手法相似，这就把山色写活，显得生气勃勃而富有气势。"明"字是这句诗的"诗眼"，写得传神而生动。在这山清水秀、风景如画的背景中，两个知心朋友在难舍难分，依依惜别，"飞蓬各自远，且尽手中杯！"好友离别，仿

杜甫塑像和诗作碑刻

杜甫与李白的友谊

杜甫像

佛转蓬随风飞舞,各自飘零远逝,令人难过。语言不易表达情怀,言有尽而意无穷。那么,就倾尽手中杯,以酒抒怀,来一个醉别吧。感情是多么豪迈和爽朗!结句干脆有力,李白对杜甫的深厚友情,不言而喻而又倾吐无遗。

这首送别诗以"醉别"开始,干杯结束,首尾呼应,一气呵成,充满豪放不羁和乐观开朗的感情,给人以鼓舞和希望。诗中的山水隽美秀丽,明媚动人,自然美与人情美——真挚的友情,互相衬托。纯洁无邪、胸怀坦荡的友谊和清澈的泗水秋波、明净的徂徕山色交相辉映,景中寓情,情随景现,给人以深刻的美感享受。这首诗以情动人,以美感人,充满诗情画意,是脍炙人口的佳作。

五、杜甫与菜肴

（一）杜甫与五柳草鱼

五柳鱼

川菜中有道名菜叫"五柳草鱼"，不但做法简单，而且味道还很鲜美。据民间传说这道菜是大诗人杜甫流传下来的。

在介绍这道菜的来历之前，我们先来看看杜甫一生所过的生活。曾经有人在书中说"杜甫是个老乞丐"。杜甫最开始在长安的那几年，由于得不到朝廷的重用，再加上父亲杜闲去世，因而没有固定的经济资助，以至于生活陷于极端困窘之中。杜甫有一个名叫杜济的族孙居住在长安城南郊，为了叨扰一顿饭吃，他每每前去走动，但是这位族孙的日子过得也不富裕，看见长辈来自己家了，心里非常不乐意，嘴上虽然没说什么，但在行动上却表现了出来：在从井中打水淘米的时候，使劲地摆动水桶，把水搅得发浑；到菜园中砍菜的时候，放手乱砍一通。杜甫对这种情景万分感慨，心中很是抑郁，于是作《示从孙济》："平明跨驴出，未知适谁门。权门多噂沓，且复寻诸孙。小人利口实，薄俗难具论。所来为宗族，亦不为盘飧。勿受外嫌猜，同姓古所敦。"表现出了他在遭遇"宗族"冷落后的悲伤与哀愁。当然其中也有热心

的好友来帮助他。有一次，杜甫得了一场大病，被折磨得面黄肌瘦，头昏眼花，差点要了命。大病初愈时，他拄着拐杖出门散心，不知不觉就来到了朋友王倚的家门口。王倚见到杜甫这般模样，十分同情，于是邀请他进自己家做客，并且买肉买酒，热情地招待了他。杜甫作诗《病后过王倚饮赠歌》表示感激："但使残年饱吃饭，只愿无事长相见。"

其实从那时起，杜甫就有意无意地过起了到处向亲朋好友乞讨要饭的日子。其诗《投简咸华两县诸子》中"饥卧动即向一旬，敝衣何啻联百结"便是他这段长安

川菜五柳鱼

诗中圣哲——杜甫

106

生活的真实写照。《云仙杂记夜飞蝉》引《放怀集》："杜甫每朋友至，引见妻子。韦侍御见而退，使其妇送夜飞蝉，以助妆饰。"丈夫穷困，老婆自然也得不到什么富贵，但是杜甫自己却从没有觉得寒酸，倒是客人实在看不过眼，叫夫人送了一个头饰过来。

后来安史之乱爆发，杜甫被迫离开长安，携家眷流落到了成都。他们一家人先是借住在浣花溪畔的一座古寺里，家里一贫如洗，都揭不开锅了。杜甫自己有所记载："入门依旧四壁空，老妻睹我颜色同，痴儿不知父子礼，叫怒索饭啼门东。"家里的小孩子饿得实在是支持不住了，也就顾不上什么父子

杜甫与菜肴

浣花溪石径

之礼，冲着父亲一阵发怒，叫他赶快到邻居那里去借米回来做饭吃。而"五柳草鱼"这道菜的来历就和他在生活上的贫困及其在成都浣花溪畔的这段生活经历有关。

据说，杜甫居住在成都浣花溪畔的时候，有一天，从江南来了一位客人，千里迢迢来看望杜甫。有朋自远方来，当然不亦乐乎，杜甫便滔滔不绝地和他攀谈起来，到了中午，杜甫才想起要做午饭。

一提到做饭，杜甫刚才那个谈话的高兴劲顿时就消失了，因为他在这里真可谓是贫困潦倒，家里连下锅的米都没有了，所以就穷得做不出一顿像样的饭菜来招待远方来的客人。一想到这些，杜甫就觉得对不起朋友，一时愁眉苦脸的，因为他很重视与朋友之间的感情。正在他绞尽脑汁想办法的时候，正好邻居家一个小伙子从河里钓到了一条三斤重的鲫鱼，从杜甫门前经过。小伙子见杜甫正因没有菜招待远客而发窘，就说："杜大伯，这条鱼送给你待客。"

杜甫见小伙子雪中送炭，顿时就兴奋起来，说："太好了，真是太谢谢你了，你真是帮了我的大忙啦！"

杜甫从小伙子手中接过鱼，立刻就下厨烹制。他先烧了一锅水，利用烧水的空闲时间，把鱼用刀剖开，剔除里面的肠胆后，用

浣花溪绿荫

杜甫与菜肴

浣花溪一景

水洗干净。等水烧开以后，就把鱼放到锅里煮。

这时，杜甫又去屋后的竹林中挖了一只冬笋，采了几只蘑菇，拿了一些生姜和葱，从屋檐下摘了几只晒干的红辣椒。他把这五样东西用水洗干净以后，全部都切成细丝。不一会儿，鱼煮熟了，杜甫用漏勺捞起鱼，把水沥干，放到一个盆子里，然后又撒上了一层胡椒面。

之后，杜甫又换了一口锅，往里面放两匙油，待油烫了之后，把五样细丝放在一起煸炒一下，然后再加上一匙酒，三匙糖，半匙盐，一匙醋，一匙酱油，两勺清水，熬成汤汁，均匀地泼洒在鱼的身上，这样这道菜就算是做成了，杜甫把菜端到桌子上。

客人吃了这道菜以后赞不绝口。杜甫心里也非常高兴。因为这道菜用了五种作料，所以取名叫"五柳鲫鱼"，又因为鲫鱼在成都都是野生的，又称"草鱼"，所以又叫"五柳草鱼"。

这道川味名菜，一直在后世流传，现在人们的饭桌上还可以见到这道菜。

（二）杜甫与临江豆腐

综观杜甫的诗，无不具有丰富的社会内容、强烈的时代色彩和鲜明的政治倾向，真实深刻地反映了安史之乱前后，一个历史时代的政治时事和广阔的社会生活画面，因而被称为一代"诗史"。而杜甫一生的思想也是"穷年忧黎元""致君尧舜上"，所以他的诗歌创作，始终贯穿着忧国忧民这条主线，由此可见杜甫的伟大。此外，在杜甫的生活中，虽然他自己穷困潦倒，但是在心中却总是饱含着一种对百姓的强烈的责任感，时时刻刻都在关心着百姓的疾苦，由此留下了大量的诗句。

话说有一天，杜甫独自一人到忠州南岸翠屏山麓禹庙游览，刚到溪村时，就听到附近有人在痛哭。杜甫走上前去一看，只见一

翠屏山风光

杜甫与菜肴

位老妇和五个孩子围着一个昏迷不醒的老头在哭。一打听才知道这个老头叫杜忠，开了一家豆花店，年景好的时后，黄豆产量比较高，所以豆花生意就好，全家七口人的生活还能勉强支撑下去。但是今年遇上了大旱天气，黄豆颗粒无收，豆花生意也因此一落千丈，而且以前留下的本钱都已经吃光了，一家老小生活艰难，作为一家之主的杜老头眼睁睁地看着全家挨饿，所以心里一着急就吐血晕过去了。杜甫听了之后，十分同情他们的艰难处境，于是就从自己的口袋里拿出了一点碎银子，交给杜老头的妻子说："这点钱你先拿去给老兄治病吧！治好病以后再想办法把店子重新开起来，要不然一家人还是无法生活。"

翠屏山风光

诗中圣哲——杜甫

说完以后，就转身挤出了人群。杜忠的妻子和儿女们在后面大声地呼喊道："客官，请留下您的姓名，日后好报答您的恩情！"而这时，杜甫早已离去了。

杜甫来到禹庙，受到了朋友弘文长老的殷勤款待。弘文长老先请他到客厅用茶，再陪同他观赏禹庙的美丽风光。到了中午吃饭时分，弘文长老亲自下厨为杜甫做了一道豆腐。杜甫看到这豆腐与以前自己吃过的很是不同，色泽墨绿，光洁如玉；用筷子一拈，滑腻得竟然像泥鳅一样；放在嘴里一尝，更是味香鲜嫩，麻辣适口，别具一格。杜甫于是连忙问道："弘文长老，此菜色、香、味俱全，不知它的名字是什么？"弘文长老听了他的话以后，哈哈大笑说："你这位堂堂的大诗人，足迹遍布全国各地，见多识广，怎么会有不知道的道理。"杜甫很谦虚地拱手问道："还请长老多多赐教，鄙人确实不知其名。"弘文长老说："此乃'栗橡豆腐'也，是本庙一道名菜，还是杜大人您教我做的呢！"杜甫听后，仿佛坠入了五里云中，赶忙问："这话长老从何说起？"弘文长老忙解释道："大人还记得六年前穷困秦州同谷否？"杜甫马上回答说："少陵落魄秦州

浣花溪环绕着杜甫草堂，温婉如玉

杜甫与菜肴

113

地，当时穷相还历历在目。"想起当年，杜甫说着说着眼圈就红了。弘文长老接着说："那时工部大人写诗记其事云'有客有客字子美，白头乱发垂过耳，岁拾栗橡随狙公，天寒日暮山谷里'，贫僧拜读后，为之深深地叹息，同时也长了一智。既然栗橡子也能充饥，而且此地产量很多，老僧何不就用此物磨浆做成豆腐？经过多次尝试制作，最终做成这道菜肴。如果可以这样追本溯源的话，当然是拜您所赐。"杜甫听着长老的话，仿佛想到了什么事情，心里不由得转忧为喜。

在寺庙里的这顿斋饭，杜甫吃得十分高兴。饭后，弘文长老请杜甫为禹庙题诗。

工部祠堂

诗中圣哲——杜甫

114

杜甫高兴地同意了，但同时也提出了一个条件：要弘文长老给他做两盒新鲜的栗橡豆腐。长老一听哈哈大笑说："原来是这个条件，别说您要两盒，就是二十盒也可以给您做好。"说完，就吩咐小沙弥取来纸砚，自己便亲自下厨为杜甫做栗橡豆腐去了。杜甫高兴地提笔蘸墨，行龙走蛇地写下一首五言律诗：

禹庙空山里，秋风落日斜；

荒庭垂橘柚，古屋画龙蛇；

云气生青壁，江声走白沙；

早知乘四载，疏凿控三巴。

杜甫在题写完这首诗以后，就赶忙跑到厨房跟弘文长老学做栗橡豆腐的手艺去了。

杜甫羌村故居

他很谦虚地向弘文长老请教这道菜的做法以及在制作过程中应该注意的事项，那一副认真劲儿把长老都弄得不好意思了。杜甫说："长老莫笑，我是个好吃佬。常言说：'要想不丢丑，亲自学到手。'"两个人忙活了一个下午，豆腐做好了，长老把它们放在竹篮里装好，然后杜甫就提着竹篮，告别了长老，高高兴兴地直往豆花店走去。

杜甫刚刚跨进店门，就看见迎面走来一个十多岁的少年对他说："客官，我们店里已经没有豆花了，还是请您到别家店里去吃吧。"杜甫笑着说道："我不是来吃豆花的。你父亲的病好了吗？"少年很

梅竹成林使草堂显得古色古香